Wolfgang Fleischer

TRUPPENKENNZEICHEN des deutschen Heeres und der Luftwaffe

1939-1945

PODZUN-PALLAS

Titelbild:
**Raubtiere suggerieren Kraft, Gewandheit, Ausdauer und Eleganz. Diese erstrebenswerten Eigenschaften waren (ausgenommen die Eleganz) für das Überleben im Krieg unverzichtbar und wurden deshalb besonders häufig als Motive mit den Truppenkennzeichen verknüpft.
(Idee Autor, Gestaltung Thomas Hansen, Dresden)
Das Motiv stellte freundlicherweise die Vervielfältigungsanstalt Erwin Will e. K. 01099 Dresden, Werner-Hartmann-Straße 6 zur Verfügung.**

Abbildung Rückseite Umschlag:
Straßenkreuzung in Kursk, 9. Juni 1941

© Copyright, 2002
Alle Rechte, auch die des auszugsweisen Nachdrucks und jeder Form der Wiedergabe beim
PODZUN-PALLAS-VERLAG GmbH
Kohlhäuserstraße 8
61200 Wölfersheim-Berstadt
Telefon: 06036 / 9436 • Fax:: 06036 / 6270
Internet-Shop: http://www.podzun-pallas.de

Verantwortlich für den Inhalt ist der Autor.

ISBN: 3-7909-0780-4
Technische Herstellung: Gabriele Queißner, modellwelt-publikation, Tegernseeweg 45, 95445 Bayreuth
Druck: Kölle-Druck GmbH, 32361 Preußisch Oldendorf

Richtungsweiser an einem Obelisk, südlich von Smolensk. Unten ein Schild mit dem Truppenkennzeichen der 18. Panzerdivision. Aufnahme vom Juli 1941.

Schilderwald an einer Rollbahn im Südabschnitt der Ostfront. Es dürfte einige Mühe bereitet haben, sich an der Vielzahl der Schilder mit Truppenkennzeichen, taktischen Zeichen, Tarnnamen, Abkürzungen und Nummern der Einheiten zu orientieren. Aufnahme vom Winter 1941/42.

Ein Infanterist der 3. US-Armee vor Hinweisschildern deutscher Einheiten im Raum Passau. Bemerkenswert, bis auf das Truppenkennzeichen, das Teilen der hier im Kampf stehenden 2. SS-Panzerdivision „Das Reich" zugeordnet werden muß, fehlen diese Zeichen, ebenso taktische Zeichen und Einheitsnummern. An ihrer Stelle sind die Namen schnell aufgestellter Alarmverbände und von Einheiten des Ersatzheeres zu finden. Das Bild ist am 22. oder 23. April 1945 entstanden.

INHALT

I. Vorwort 5

II. Einleitung 7

III. Bildteil 15
   1. Heer 15
   2. Luftwaffe 64
   3. Waffen-SS 72

IV. Quellen- und Literaturangaben 79

I. Vorwort

Die hiermit vorgelegte Arbeit über Truppenkennzeichen wurde mit der Absicht zusammengestellt, zu diesem Thema bereits vorhandene Veröffentlichungen zu ergänzen. Umfassend dargestellt werden die Truppenkennzeichen des deutschen Heeres, der Luftwaffe und Kriegsmarine sowie der Waffen-SS in der mittlerweile vier Bände umfassenden Edition von Peter Schmitz und Klaus-Jürgen Thies „Die Truppenkennzeichen der Verbände und Einheiten der deutschen Wehrmacht und Waffen-SS und ihre Einsätze im Zweiten Weltkrieg 1939 – 1945" (Osnabrück 1987, 1991 und 2000). Sie basieren auf langjährigen Recherchen und vermitteln einen breiten Überblick über die verwendeten Kennzeichen. Unter anderem gehen die Autoren auf die vielschichtigen und komplizierten Probleme bei der Erfassung und der Bewertung von Informationen zu diesem Thema ein. Auch bei dieser Veröffentlichung bildet die Auswertung von Verbandsgeschichten, die Durchsicht von Grafikmappen und Zeitschriften und die Nutzung von historischen Fotografien die Grundlage. In Einzelfällen ließ sich die Entstehungsgeschichte der Truppenkennzeichen exakt belegen, in anderen sind es nur vage Erinnerungen ehemaliger Angehöriger der betreffenden Verbände. Dort, wo Variationen bereits bekannter Truppenkennzeichen vermutet werden, sind diese mit aufgenommen worden. Ebenfalls aufgenommen wurden Abzeichen von Verbänden, die nicht näher bestimmt werden konnten.

Auf eine ausführliche Darstellung truppengeschichtlicher Aspekte wurde zugunsten einer möglichst exakten Auswertung des vorhandenen Bildmaterials verzichtet.

Freital, im Herbst 2002   Wolfgang Fleischer

Zu den wohl bekanntesten Truppenkennzeichen des Zweiten Weltkrieges gehörte das des Deutschen Afrikakorps, das vom März 1941 bis zum 12. Mai 1943 verwendet worden ist. Üblicherweise bestand es aus einer in goldgelber Farbe aufschablonierten Palme, unterbrochen von einer weißen Swastika. Das hier abgebildete, auf dem Packkasten auf der rechten Kettenabdeckung eines Panzerkampfwagen II (2 cm) (Sd. Kfz. 121) angebrachte Kennzeichen, ist eine Abart und wurde von der 15. Panzerdivision verwendet. Es ist mit weißer Farbe aufschabloniert.

Über Bildberichte in den zahlreichen Illustrierten wurden die Truppenkennzeichen sehr schnell im Heimatkriegsgebiet bekannt. Im Bild die Titelseite der Zeitschrift „Deutsche Illustrierte" Nr. 15/1942. Zu sehen ist ein Panzerkampfwagen III (5 cm) (Sd. Kfz. 141) der 2. Panzerdivision (gelbes Truppenkennzeichen zwischen dem Balkenkreuz und der Sehklappe an der rechten Wannenseite). Die Fahrzeuge des zur Division gehörenden Panzerregimentes 3 führten zusätzlich in einem silbern eingefassten Halbrundschild einen stahlgrau umrandeten roten Drachen.

II. Einleitung

Truppenkennzeichen, in der Literatur oft auch als Verbandsabzeichen, Divisionsabzeichen oder einfach Erkennungszeichen benannt, begleiteten die deutschen Soldaten während des Zweiten Weltkrieges auf allen Kriegsschauplätzen. Sie vermittelten ihnen im Durcheinander der vielen Einheiten und Verbände, den Menschenmassen und der scheinbar unübersichtlichen Technik ein Gefühl von Zugehörigkeit und Orientierung. Truppenkennzeichen wurden im Mai 1939 versuchsweise als „besondere Zeichen" für Infanteriedivisionen (mot) eingeführt. Die Entscheidung, bestimmte Symbole als „Unterscheidungszeichen" auch für die Fahrzeuge der Panzerdivisionen zu verwenden, war dagegen bereits ein Ergebnis der Auswertung erster im Feldzug gegen Polen gesammelter Kriegserfahrungen [OKH (BdE) Nr. 5729/39 geh. AHA/In 6 IIIa vom 1. November 1939]. Sie mussten mit gelber Farbe aufgebracht werden; ihre maximale Größe durfte 100 x 100 mm nicht überschreiten. Im weiteren Kriegsverlauf gehörte es mit kurzen Unterbrechungen zur üblichen Praxis, dass Divisionen und selbständige Verbände sowie Einheiten des Heeres an ihren Fahrzeugen und Geschützen Truppenkennzeichen führten. In der Luftwaffe und in der Kriegsmarine war es ähnlich.

Viele Verbände führten nicht nur ein, sondern mehrere Truppenkennzeichen. Wechselnde Farben dienten der Unterscheidung von Batterien oder Kompanien. Darüber, wie die Truppenkennzeichen gestaltet werden sollten, gab es keine Verordnungen und Bestimmungen, nicht beim Heer, und auch nicht bei der Luftwaffe oder der Kriegsmarine. Sie wurden von der Truppe selbst geschaffen. Innerhalb der Verbände und Einheiten wurden Wettbewerbe durchgeführt; die schönsten Ergebnisse sind prämiert worden. Truppenkennzeichen vermittelten ein gewisses Selbstverständnis. Die verwendeten Symbole konnten Ausdruck der geografischen Herkunft oder eines besonderen Einsatzgebietes sein. Sie widerspiegelten technische, taktische oder historische Besonderheiten, die in einer Beziehung zu dem betreffenden Truppenkörper standen. Häufig anzutreffen waren, wie in der Heraldik auch, stilisierte Tier- oder Pflanzenmotive, Fabelwesen, Märchen- oder Sagengestalten. Insbesondere die Tiermotive suggerierten bestimmte, erstrebenswerte Merkmale und fanden deshalb häufiger Verwendung. Eigenschaften wie Kraft, Mut, Gewandtheit oder Ausdauer ließen sich am ehesten mit Löwen, Tigern, Panthern und anderen Großkatzen in Verbindung bringen. Der Bison stand für ungestümen Vorwärtsdrang und für Stoßkraft; die Maus galt als gewitzt und flink, sie fand überall einen Ausweg. Bestimmte Tier- und Pflanzensymbole (Schwein, vierblättriges Kleeblatt) bzw.

Dieser Lastkraftwagen, vermutlich ein 3,5 Tonner Faun L335 M aus dem Jahr 1935, gehörte zur I. Abteilung des Kraftwagen-Transportregimentes 602. Die Bezeichnung ist an der Fahrertür an der linken Fahrzeugseite angebracht. Aufnahme vom Winter 1939/40.

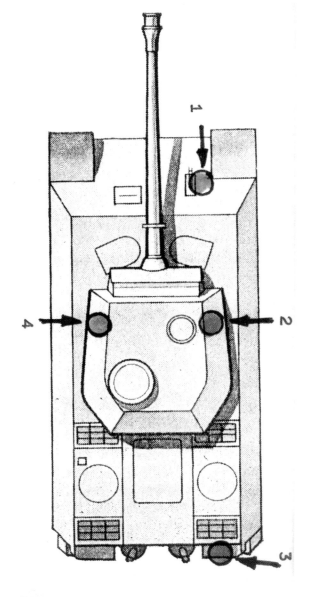

Nach dem grundlegenden Befehl Nr. 21 vom 16. Februar 1944 waren u. a. die Truppenkennzeichen an jedem Fahrzeug dauerhaft und gut sichtbar vorn und hinten sowie an den Seiten aufzumalen. Die Prinzipskizze zeigt die am häufigsten praktizierte Aufbringung der Truppenkennzeichen bei Panzerfahrzeugen.

Bei Heeresfeldwagen und anderen bespannten Fahrzeugen sind die Truppenkennzeichen auf beiden Seiten, im vorderen Drittel des Wagenkastens sowie auf der rechten Seite der Rückwand angebracht worden.

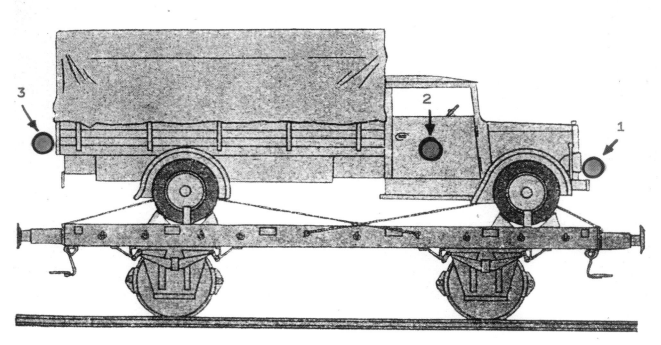

An Kraftfahrzeugen wurden Truppenkennzeichen häufig an dem rechten oder linken vorderen Kotflügel, an der rechten Seite des Fahrerhauses und an der Rückfront der Ladefläche bzw. des Kofferaufbaus gezeigt.

andere glücksbringende Gegenstände (Hufeisen) haben ihren Ursprung im volkstümlichen Bereich. Die damit verbundene, von jedermann verstandene Erwartungshaltung machte sie als Truppenkennzeichen besonders beliebt. Recht häufig angetroffen wurden stilisierte oder alte Schriftzeichen (Runen). Mitunter stand ein einzelner Buchstabe, der Anfangsbuchstabe des Namens des ersten Kommandeurs oder seine symbolische Ausdeutung für das Truppenkennzeichen Pate. Im Laufe der Zeit sind Truppenkennzeichen verändert worden; sie wurden vereinfacht, manchmal auch stärker symbolhaft gestaltet.

Truppenkennzeichen durften nach ihrer offiziellen Anerkennung nur von den im Feld stehenden Einheiten und Verbänden verwendet werden. Mit dem grundlegenden Befehl Nr. 21 vom 16. Februar 1944 (OKH Gen St d H Org Abt Abt II/31 180/44) wurden sie endgültig legitimiert. Ihre praktische Bedeutung bestand darin, dass sie - auf Fahrzeugen, Geschützen, Wegweisern und Hinweisschildern angebracht - das Erkennen und Finden der Truppe auf dem Schlachtfeld erleichterten. Zugleich waren und sind sie ein Stück Tradition. Für die militärhistorische Forschungsarbeit stellen die Truppenkennzeichen in Verbindung mit anderen im Krieg praktizierten Formen der Kennzeichnung (taktische Zeichen, Kraftfahrzeugkennzeichen usw.) wichtige Hilfsmittel zur exakten Bestimmung von Fotografien dar. Sie helfen, die Geschichte einzelner Einheiten, Verbände und Waffengattungen zu erforschen und darzustellen.

Truppenkennzeichen wurden häufig von den Gefechtszeichnern in den Stäben nach den Vorstellungen der Kommandeure oder nach Vorgaben entworfen, die das Ergebnis von Ausschreibungen und Wettbewerben innerhalb der Truppe waren. Die Zeichner fertigen in vielen Fällen entsprechende Schablonen an oder besorgten das aufwendige Aufmalen der Truppenkennzeichen. Im Bild eine „Malstube" bei der Arbeit. Aufnahme von der Ostfront, Sommer 1941.

Ein Beispiel für ein recht einfaches, aufschabloniertes Truppenkennzeichen - der Stier in Angriffshaltung, in der Form, wie es im Herbst 1940 beim Panzerregiment 7 der 10. Panzerdivision verwendet worden ist.

Bodenfund eines nicht näher datierten bestimmten Truppenkennzeichens - Beispiel für ein teilweise aufschabloniertes bzw. von Hand nachgemaltes Truppenkennzeichen (rotes, fünfeckiges Schild mit schwarzem Adler).

Beispiel für ein aufwendig gestaltetes Truppenkennzeichen der Luftwaffe (Pinguin mit der Abkürzung für Winston Churchill, dem britischen Premierminister), an der linken Seite eines Jagdflugzeuges vom Typ Me-109. Etwa 1941/42.

Aufgemalter weißer Rundschild mit aufschabloniertem Elchkopf (Konturen nachgezeichnet). In dieser Form ist das Truppenkennzeichen der 169. Infanteriedivision während der Kämpfe im Frühjahr 1945, östlich und südlich von Berlin, im Einsatz zu sehen gewesen.

Titelseite einer Grafikmappe zur Geschichte der „glückhaften" 71. Infanteriedivision im Ostfeldzug 1941. Das Truppenkennzeichen (stilisiertes grünes vierblättriges Kleeblatt mit Stil und rotem Rand, darin zwei gekreuzte silberne Pferdeköpfe) ist in der rechten oberen Ecke zu sehen.

Bild Mitte:
Der mittlere gepanzerte Beobachtungskraftwagen (Sd. Kfz. 254) der 1. (leichten) Abteilung des motorisierten Artillerieregimentes 119 führten vorn rechts das Truppenkennzeichen der 11. Panzerdivision - ein silbernes, schwertschwingendes Gespenst. Auf der rechten Seite ist, über dem taktischen Zeichen, ein weiteres Truppenkennzeichen dieses Verbandes zu sehen. Der mit gelber Farbe aufgebrachte Kreisel mit Balken wurde bis zum Kriegsende zusammen mit dem stilisierten Gespenst verwendet. Diese Aufnahme entstand im Frühjahr 1941 auf dem Balkan.

Ein „Tiger" der schweren Panzerabteilung 503. Der bereits im Mai 1942 im Wehrkreis III aufgestellte Verband führte als Truppenkennzeichen einen Tigerkopf, hier in einem weißen, dunkel umrandeten Kreis eingefaßt. Die Aufnahme ist Anfang 1943 an der Ostfront entstanden.

An ihren Zeichen sol

Die „Westfront-Illustrierte", eine Zeitschrift, die von der Propagandakompanie der 6. Armee in Frankreich herausgegeben wurde, veröffentlichte in ihrer Weihnachtsausgabe vom Dezember 1940 auf drei Seiten einen Beitrag über die Truppenkennzeichen der Verbände im Zuständigkeitsbereich dieser Armee.

sie erkennen

Das unter der laufenden Nummer 22 aufgeführte Truppenkennzeichen wurde vom Infanterieregiment 46 geführt. Es gehörte zu der am 1. Oktober 1936 in der Hansestadt Lübeck aufgestellten 30. Infanteriedivision, die vom Dezember 1939 bis zum Mai 1940 der 6. Armee unterstellt war.

Was könnten diese Zeichen bedeuten?

1. Eine Märchenfigur als Zeichen einer Luftwaffenformation: Der gestiefelte Kater.

11. « Das sind alles nur kleine Fische » Aus dieser Bemerkung eines Kompanieführers für kleine Dummheiten wurde dieses Zeichen geprägt.

21. Dieses Ungeheuer ist das Erkennungszeichen einer Küsten-Abwehrstelle.

2. Das Wahrzeichen Münchens. Wo diese Abteilung herkommt, wissen wir also.

12. Max und Moritz, die zwei bösen Buben, als Erkennungszeichen einer Nachschubkolonne.

22. Oft ersieht man aus dem Stadtwappen den Herkunftsort der Einheit.

3. Eine Luftwaffeneinheit hat sich die Lilie als Erkennungszeichen gewählt.

13. Wie die Eichkatzen müssen sie klettern können, die Männer von der Nachrichtenabteilung.

23. Westfalens Wappentier, das springende Pferd. Man erkennt auch hier sofort den Herkunftsort der Einheit.

4. In den zwei gekreuzten Pferdeköpfen führt eine niedersächsische Formation ein Stück ihrer Heimat mit sich.

14. Diese Einheit hat sich eine symbolhafte Zeichnung als Wappen gewählt.

24. Welch seltsamer Vogel. Man sieht in an den Fahrzeugen einer Flak-Einheit.

5. Ein Schützenregiment hat sich sein Zeichen aus der Praxis genommen.

15. Dies ist das Zeichen für eine Schwere Fernsprechabteilung, die einmal nach England fahren will.

25. Der Gesundbrunnen, das Erkennungszeichen einer Sanitätsabteilung.

6. Sie kommen aus Oberbayern, der Gemsbock ist ihr Zeichen.

16. Dass es sich hier um den Abschleppdienst handelt, dürfte aus diesem Zeichen klar zu erkennen sein.

26. Eine Nachrichten-Einheit, deren Männer wahrscheinlich immer über grossen Durst verfügen erfand dieses passende Zeichen.

7. Eine Werkzeugkompanie führt Schwert und Zahnrad in ihrem Wappen.

17. Ein springender Hirsch — da lacht des Jägers Herz; eine bayerische Einheit führt ihn als Zeichen.

27. Das Zeichen einer sich auf Paris berufenden Einheit der Kriegsmarine.

8. « Die 5. Kolonne ». So taufte sich eine Arbeitsdienstkolonne der Luftwaffe.

18. Eine berittene Abteilung erkennt sich an diesem traditionellen Zeichen.

28. Eine Eule mit drei Kleeblättern — Wenn das kein Glück bedeutet !

9. « Pik-As », das erfolgreiche Geschwader — wer kennt es nicht?

19. Manche Einheit hat in ihrem Erkennungszeichen dem Kompaniehund ein Denkmal gesetzt.

29. Klar und sachlich ist das Zeichen einer Panzerwerkstattkompanie.

10. Aufwaerts schnellen die Pfeile. Ein Kampfgeschwader führt sie als Wappen.

20. Bei diesem Bilde handelt es sich wahrscheinlich um das Erkennungszeichen eines Ersatzteillagers.

30. Der Bildzug einer Luftwaffen-Einheit führt dieses originelle Zeichen.

31. Das symbolhafte Zeichen einer Einheit : Eichenlaub und Schwert.

32. Diese Einheit ist aus Wien, der lebensfrohen Stadt an der Donau.

In einer Zusammenfassung wurden Vermutungen über die Bedeutung der veröffentlichten Truppenkennzeichen angestellt.

III. Bildteil

1. TRUPPENKENNZEICHEN DES HEERES

Das Truppenkennzeichen des Infanterieregimentes 46 als kunstvoll gestaltetes Puzzle vor dem Kompaniezelt der 9. Kompanie des Regimentes. Die Aufnahme ist während einer Übung zwischen dem 7. Juni und dem 18. Juli 1938 auf dem Truppenübungsplatz Baumholder entstanden.

Dieser Hinterwagen des Maschinengewehrwagens 36 (If. 5) zeigt auf der rechten Frontseite das Truppenkennzeichen der 86. Infanteriedivision. Es ist mit weißer Farbe aufgebracht. Auf der in Fahrtrichtung linken Seite wurde die Bezeichnung der Kompanie aufschabloniert.

Auf Krafträdern waren Truppenkennzeichen häufig auf dem Tank, dem hinteren Kotflügel oder auf den Packtaschen zu finden. Das hier gezeigte mit weißer Farbe aufschablonierte Kennzeichen konnte auch auf der Detailaufnahme nicht identifiziert werden.

Auch dieses Truppenkennzeichen auf dem vorderen Kotflügel der Beiwagen-Maschine konnte nicht zugeordnet werden. Es zeigt einen mit weißer Farbe aufgebrachten stilisierten Fahnen- oder Wimpelträger.

Dieses Bild wurde auf einem Flugblatt der Roten Armee aus dem Jahr 1941 veröffentlicht. Es zeigt einen leichten Zugkraftwagen 3t (Sd. Kfz. 11). Auf dem vorderen Kotflügel gut erkennbar das Truppenkennzeichen der 3. Infanteriedivision (mot.).

Ebenfalls nicht zu identifizieren war das Truppenkennzeichen auf der rechten Seite des Beiwagens dieses Kraftrades. Es zeigt einen weiß eingefaßten Wimpel mit einem weißen Hochkreuz. Aufnahme von der Ostfront, Sommer 1941.

Dieser militarisierte Personenkraftwagen Opel Olympia gehört zu einer Einheit aus dem Wehrkreis VIII (Breslau) und führt zwei Truppenkennzeichen: Die olympischen Ringe auf dem in Fahrtrichtung linken Kotflügel. Auf der rechten Seite ist, ebenfalls mit weißer Farbe aufgebracht, ein nach unten offenes Oval mit einer fliegenden Möwe und zwei stilisierten Wellen zu sehen.

Eine stilisierte Eule auf weißem, mandelförmig eingefaßtem Untergrund ist das Truppenkennzeichen der Einheit, zu der dieser Lastkraftwagen gehört. Aufnahme von der Ostfront aus dem Jahr 1944.

Dieser Panzerkampfwagen 738 (r) - russ. T-26B - wurde im Herbst 1941 von einem Verband des Heeres verwendet, der im Wehrkreis V (Stuttgart) aufgestellt worden war. Als Truppenkennzeichen ist ein mit weißer Farbe aufschabloniertes J erkennbar. Ähnlich war das Kennzeichen der 221. Sicherungsdivision, ein seitenverkehrt aufgebrachtes J.

Eine Nachschubkolonne des Heeres an der Ostfront. Aufnahme aus den Jahren 1941/42. An der Tür auf der Fahrerseite ist das Truppenkennzeichen, ein auf dem Ast sitzender Vogel, erkennbar.

Einen weißen Storch (oder Kranich) im weiß eingefassten Rundschild führte diese motorisierte Einheit als Truppenkennzeichen. Aufnahme aus dem Jahr 1941.

Sehr dekorativ und auffällig ist dieser stilisierte, mit weißer Farbe aufgebrachte Rentier- oder Hirschkopf als Truppenkennzeichen. Weitere Angaben konnten nicht ermittelt werden.

Dieser Lastkraftwagen 1,5 t Bedford MSC war im Sommer 1940 von einer Nachschubeinheit aus dem Wehrkreis IV (Dresden) erbeutet worden. Sie führte als Truppenkennzeichen ein springendes Pferd mit Hindernis.

In der Propagandakompanie 612 kam im Sommer 1941 ein zum Rundfunk- und Filmaufnahmewagen umgebauter spanischer Panzerwagen UNL-35 auf Chevroletfahrgestell zum Einsatz. Er war von der Legion „Condor" während des Bürgerkrieges in Spanien erbeutet und nach Deutschland gebracht worden. Die Propagandakompanie führte als Truppenkennzeichen einen sitzenden goldenen Eichkater.

Ihr Truppenkennzeichen, ein silberner oder goldener Fisch, trug der 35. Infanteriedivision den Beinamen „Heringsdivision" ein. Ob dieser als Abschleppwagen umfunktionierte „Einheitsdiesel" zu dieser Division gehörte ist nicht bekannt.

Diese Nachschubeinheit aus dem Wehrkreis III (Berlin) führte im Herbst 1940 in Frankreich einen Wolfskopf als Truppenkennzeichen. Das mit weißer Farbe aufschablonierte Kennzeichen wurde an beiden Seiten des Fahrerhauses sowie hinten auf der rechten Seite angebracht.

Bemerkenswert, die vielgestaltige Kraftfahrzeugausstattung der Nachschubeinheit. Auch hier gut zu erkennen, die Aufbringung des Truppenkennzeichens.

Nicht identifiziertes Truppenkennzeichen auf dem in Fahrtrichtung rechten Kotflügel eines Mercedes-Benz Cabriolet. Ort und Zeitpunkt der Aufnahme sind nicht bekannt.

Mehrere Verbände des Heeres führten als Truppenkennzeichen Pfeile, in unterschiedlicher Anordnung und Farbgebung. Das Bild zeigt zwei Fahrzeuge eines zur Panzergruppe Guderian gehörenden Verbandes. Aufnahme vom Sommer 1941.

Zwei nach innen gekrümmte, gekreuzte Säbel sind das Truppenkennzeichen dieser Sturmgeschützeinheit. Das taktische Zeichen auf dem in Fahrtrichtung rechten Kotflügel weist den Personenkraftwagen als zum Stab einer Sturmgeschützabteilung zugehörig aus.

Taktische Zeichen oder Truppenkennzeichen? Der 3-Tonner-Lastkraftwagen einer Artillerieeinheit im Winter 1941/42.

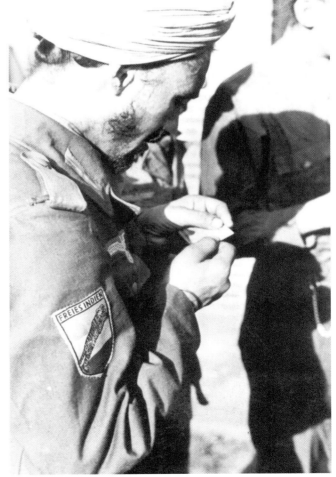

Der springende Tiger war das Truppenkennzeichen der indischen Einheiten im deutschen Heer.

Recht häufig ist das Herz als Symbol der Lebenskraft als Truppenkennzeichen verwendet worden. Das hier gezeigte grüne Herz mit schwarz-silbernem Rand symbolisiert allerdings die Verbundenheit der am 26. August 1939 in Altenburg (Wehrkreis IV) aufgestellten 87. Infanteriedivision zu ihrer thüringischen Heimat, dem grünen Herz Deutschlands. Die 10,5-cm-leichte Feldhaubitze 18 gehört zum Artillerieregiment 187.

Nicht zugeordnet werden konnte das hier als Truppenkennzeichen am Sitz dieses mittleren Kübel-Personenkraftwagens (4x2) Adler Typ 12 N-3 G aufgebrachte weiße Herz.

Dieser, aus dem Wehrkreis VI stammende Opel-Olympia (mit improvisiertem Tarnscheinwerfer in der Fahrzeugmitte), gehört zu einem Straßenbau-Pionierbataillon des Heeres. Das Fahrzeug hat kein Truppenkennzeichen; bei dem auf dem Kotflügel aufschablonierten Zeichen (Hacke und Schaufel, gekreuzt) handelt es sich um ein taktisches Zeichen. Mitunter dienten aber taktische Zeichen als Motive für Truppenkennzeichen.

Ein typisches Beispiel dafür ist das Truppenkennzeichen der Panzerabteilung (Fkl) 302, das dem taktischen Zeichen der Panzerwaffe nachempfunden worden ist (Bild links). In dieser Form wurde das Truppenkennzeichen im Juli 1943, im Verlaufe der Operation „Zitadelle", verwendet.

Bären, Löwen und Panther dienten häufig als Motive für Truppenkennzeichen. So führten die 31. und die 32. Infanteriedivision den Löwen. In der hier an einem leichten Ketten-Krad NSU HK-101 (Sd. Kfz. 2) angebrachten Form (nach links schauender goldener Löwe) wurde das Motiv allerdings nur bei der 31. Infanteriedivision verwendet.

Sternschnuppen gehörten zu den Motiven für Truppenkennzeichen, die besonders häufig von der Fallschirmjägertruppe der Luftwaffe verwendet wurden. Hier ist es als Truppenkennzeichen einer Korps-Nachrichtenabteilung zu sehen. Auf der rechten Fahrzeugseite das taktische Zeichen einer Panzerfunkkompanie. Aufnahme aus dem Jahr 1942.

Die 61. Infanteriedivision aus Insterburg (Wehrkreis I) führte zwei Truppenkennzeichen, die auf dem Kotflügel dieses Mercedes-3-Tonners einer Nachschubeinheit gut zu erkennen sind. Es handelt sich um ein Dreieckschild mit schwarzem Hochkreuz und einen silbernen Winkel mit kreisförmigen Enden. Die Aufnahme ist im Sommer 1941 im Nordabschnitt der Ostfront entstanden.

Auf einem erhalten gebliebenen Kofferaufbau eines Krankenkraftwagen (Kfz. 31) konnte das Truppenkennzeichen des Krankenkraftwagen Zug 30 festgestellt werden: weiß eingefaßt, weiß aufschablonierter Eichenzweig mit einer Eichel und zwei Blättern.

Am 26. August 1939 war im Wehrkreis XI durch die Beobachtungsersatzabteilung 31 (Braunschweig) die Vermessungsabteilung 608 aufgestellt worden. Nach der Umgliederung im Juni 1941 (Stab, 1. und 2. Batterie, Vermessungszug) erhielt sie die Bezeichnung Vermessungs- und Kartenabteilung (mot.) 608. Als Truppenkennzeichen führte sie einen weißen, nach unten zeigenden Vermessungswinkel auf den in Fahrtrichtung rechts angeordneten Kotflügeln ihrer Fahrzeuge. Auf der linken Seite ist das taktische Zeichen zu sehen. Die Bilder sind im Jahr 1942 an der Ostfront entstanden.

Eine BMW R-12 mit Behördenseitenwagen vor dem Werkstattgebäude des Kraftfahrversuchskommandos in der Nähe von Toledo. Während des Bürgerkrieges in Spanien 1936-1939 unterhielt das Heereswaffenamt auf dem Kriegsschauplatz diese Sondereinheit, die ein Truppenkennzeichen führte, das aus einer Kombination von Zahnrad und Lenkrad bestand.

Das Baupionierbataillon 98 führte als Truppenkennzeichen einen Arbeitselefanten. Diese Verkleinerung der Originalschablone zeigt, wie stark das Motiv des Truppenkennzeichens vereinfacht worden ist. Das Baupionierbataillon war erst im August 1943 aufgestellt worden und kam bei der Heeresgruppe Nord zum Einsatz.

Die schwere Artillerieabteilung (mot.) 711 gehörte zu den Heerestruppen und war in Südrussland im Einsatz gewesen. Als Truppenkennzeichen führte sie ein grünes vierblättriges Kleeblatt in einem weißen Kreis. Auf dem anderen Kotflügel ist das taktische Zeichen der 1. Batterie dieser Abteilung zu erkennen.

Das grüne vierblättrige Kleeblatt war bis zum 20. Juni 1942 das Truppenkennzeichen der schweren Artillerieabteilung (mot.) 711. An seine Stelle trat ein eisernes Kreuz in weißer Umrandung.

Ein mittlerer Zugkraftwagen 8t (Sd. Kfz. 7) der schweren Artillerieabteilung (mot.) 711 Anfang Januar 1943 in Südrussland. Beachte das neue Truppenkennzeichen auf dem Kotflügel.

Die drei Batterien der schweren Artillerieabteilung (mot.) 711 waren mit schweren 10-cm-Kanonen 18 ausgestattet. An Geschützen wurden Truppenkennzeichen häufig an den Rohrausgleichern angebracht.

Der lange 21-cm-Mörser mit vereinfachter Unterlafette gehörte zur schweren Artillerieabteilung (mot.) 616. Dieser Verband führte als Truppenkennzeichen einen fliegenden Singvogel mit Strohhalm im Schnabel. Die Abteilung wurde im Januar 1943 im Kessel von Stalingrad vernichtet, aber im April des Jahres neu aufgestellt.

Dieser Personenkraftwagen gehört zu einer selbständigen Fernkampfbatterie, die am 7. November 1944 in Groß-Born aufgestellt worden war. Unteroffiziere und Mannschaften kamen von der Heeresartillerie und wurden durch Personal der Luftwaffe ergänzt. Als Geschütze erhielt die Batterie 12,8-cm-Kanonen 81/2 in russischen Beutelafetten. Ab 1. Dezember 1944 führte sie als Truppenkennzeichen einen gestiefelten und gespornten Teufel mit Dreizack, rittlings auf einer Granate sitzend, auf weißem Grund, rot eingefaßt.

Das Truppenkennzeichen der Lehr-Brigade (mot.) 900 war ein stilisiertes und eingehaustes L. Dieser leichte geländegängige Einheits-Personenkraftwagen (4x4) (Kfz. 1) gehört zur Artillerieabteilung 900. Das Truppenkennzeichen ist auf dem in Fahrtrichtung linken Kotflügel aufgebracht. Aufnahme vom Frühjahr 1942.

Im April 1940 wurde die II. Abteilung/Heeresartillerieregiment 84 mit sechs schweren 24-cm-Kanonen 16 (t) ausgestattet. Der erste Einsatz erfolgte im Mai und Juni 1940 während des Feldzuges gegen Frankreich.

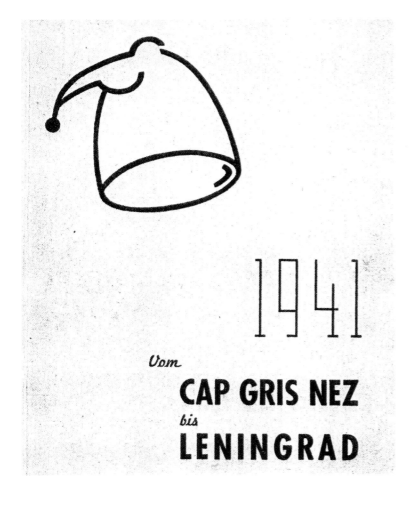

In der II. Abteilung/Heeresartillerieregiment 84 führte jede der drei Batterien eigene Truppenkennzeichen. Die Batterie unter Führung von Hauptmann Dr. Michel verwendete bereits in Frankreich eine stilisierte Zipfelmütze. Ob das eine Anspielung auf die Herkunft des Batteriechefs, eines Textilfabrikanten aus Zwickau oder auf seinen Namen ist, konnte nicht ermittelt werden. Das Truppenkennzeichen zierte auch die am 24. Dezember 1941 veröffentlichte Batteriechronik.

Die Zipfelmütze als Truppenkennzeichen auf einem Nachschubfahrzeug einer Batterie der II. Abteilung/Heeresartillerieregiment 84. Die Bilder sind im Sommer 1940 in Frankreich entstanden.

Als weiteres Truppenkennzeichen trat bei einer Batterie der II. Abteilung/Heeresartillerieregiment 84 ein Symbol in Erscheinung, das zwei ineinander verschlungene weiße (bzw. silberne) Ringe darstellt. Die Bilder sind im Sommer 1941 im Nordabschnitt der Ostfront entstanden.

Beachte die Anordnung des Truppenkennzeichens auf dem in Fahrtrichtung linken Kotflügel des mittleren Einheits-Personenkraftwagens (4x4) (Kfz. 15).

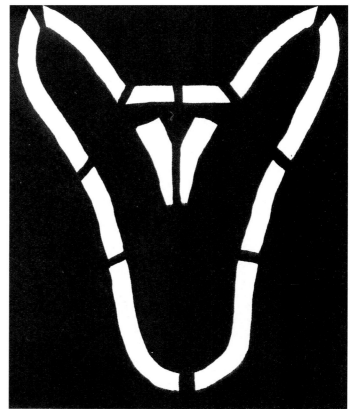

Das Truppenkennzeichen der II. Abteilung/Heeresartillerieregiment 84 war ein stilisierter Wolfskopf. Es wurde im Sommer und Herbst 1941 in der Protzenstellung der Abteilung zwischen Kronstadt und Leningrad festgestellt.

Verladung eines leichten geländegängigen Einheits- Personenkraftwagen (4x4) (Kfz. 1) der II. Abteilung/Heeresartillerieregiment 84. Beachte die Anordnung des Truppenkennzeichens und des taktischen Zeichens.

Wartungsarbeiten an einem Personenkraftwagen der II. Abteilung/Heeresartillerieregiment 84. Gut zu erkennen der Wolfskopf auf dem in Fahrtrichtung linken Kotflügel. Aufnahme im Sommer 1942.

Der „Chefschlitten" des Kommandeurs der IV. (schweren) Abteilung/Artillerieregiment 28 im Winter 1941/42 an der Ostfront. Die Abteilung gehört zur 28. Infanteriedivision, die als Truppenkennzeichen ein silbernes Tatzenkreuz führt. Kennzeichen und taktisches Zeichen sind sauber an der Rückwand des Schlittens aufgebracht.

Die IV. (schwere) Abteilung/Artillerieregiment 28 im Frühsommer 1942 während der Operation „Störfang" auf der Krim. Das Truppenkennzeichen ist an der linken Seite des Schleppers und des Protzkastens der Geschützlafette gut zu sehen.

Diese Fahrzeuge eines Fernsprechtrupps gehörten vermutlich ebenfalls zu einer Artillerieformation. Das Truppenkennzeichen auf den in Fahrtrichtung linken Kotflügeln konnte nicht entschlüsselt werden.

Ebenfalls nicht entschlüsselt werden konnten die Truppenkennzeichen auf diesen Renault-Lastkraftwagen des Gefechtstrosses eines Pionierbataillons. Aufnahme von der Ostfront 1942/43.

Zu welcher Einheit dieser Meßtrupp-Kraftwagen (Kfz.16) gehört ist nicht bekannt. Als Truppenkennzeichen führt er einen weiß eingefassten Apfel.

Eine Fahrzeugkolonne der schweren Artillerieabteilung (mot.) 646 während eines Gefechtshaltes. Das Truppenkennzeichen ist beim vorderen Fahrzeug auf der in Fahrtrichtung linken Seite angebracht. Hinten rechts im Bild Zugkraftwagen der Geschützstaffel.

Die mittleren Lastkraftwagen gehören zu einer leichten Artilleriekolonne (mot.). Auf der rechten Seite des Fahrerhauses das Truppenkennzeichen, ein silberner, lang ausschreitender Soldat mit einer Granate unter dem Arm. Auch das große lateinische S auf dem Kotflügel kann nicht zugeordnet werden.

Auch dieser Personenkraftwagen aus dem Wehrkreis IV (Dresden) zeigt als Truppenkennzeichen ein großes stilisiertes lateinisches S.

Erinnerungsfoto vor dem C-Geschütz einer Mörserbatterie einer schweren Artillerieabteilung (mot.). Auf dem Kotflügel der Geschützlafette das Truppenkennzeichen, ein diesmal nach links lang ausschreitender Soldat mit einer Granate unter dem Arm, eingefaßt in einen weißen oder silbernen Kreis.

Diese Aufnahme entstand im Herbst 1941 im Bereich der Heeresgruppe Nord. Auf der in Fahrtrichtung rechten Seite ist unter dem taktischen Zeichen die Truppenteilbezeichnung „Ortskommandantur 865" zu lesen. Auf der linken Seite des Adler Trumpf Junior Cabriolets sind fünf ineinander verschlungene Ringe als Truppenkennzeichen erkennbar.

Bei der Ausbildung von Sturmartilleristen an Sturmgeschützen der O-Serie beim Artillerie-Lehrregiment auf dem Truppenübungsplatz Jüterbog. Aufnahme aus dem Jahr 1939. Beachte das Truppenkennzeichen an der Front des Panzeraufbaus, eine mit Eichenlaub umgrenzte Bombe bzw. Granate.

Das Truppenkennzeichen der Sturmgeschützabteilung 192, ein Totenkopf mit gekreuzten Gebeinen fand bis zur Auflösung der Abteilung im April 1942 Verwendung. Üblicherweise war das Kennzeichen vorn, in Fahrtrichtung rechts, an beiden Seiten und am Heck zu sehen.

Hier ein nicht identifiziertes Truppenkennzeichen einer Sturmgeschützbatterie aus dem Jahr 1940. Es ist auf dem Bug der Wanne aufgebracht.

Eine gepanzerte Selbstfahrlafette für Sturmgeschütz 7,5-cm-Kanone der Sturmgeschützabteilung 245. Das Truppenkennzeichen, ein Greifvogel mit einer Granate in den Klauen, ist auf dem vorderen Kotflügel (in Fahrtrichtung linke Seite) zu erkennen.

Dieser Opel-Blitz gehört zur Munitionsstaffel einer Batterie der Sturmgeschützabteilung 190. Das bereits bekannte Truppenkennzeichen, ein Löwe in Drohhaltung, nach links sehend, ist in dieser Form mit der Zahl 190 untersetzt und in ein Dreieckschild eingefaßt. Aufnahme von der Ostfront, Frühjahr 1944.

Eine weitere Variante des Truppenkennzeichens der Sturmgeschützabteilung 190. Löwe und Zahl sind in einem weiß eingefaßten Dreieckschild zu sehen.

Die Sturmgeschützbrigade 210 kam 1942 im Rahmen der Heeresgruppe Süd zum Einsatz. Zu dieser Zeit wurden zwei Truppenkennzeichen verwendet, der Kopf eines Tigers und ein nach rechts geöffneter Halbkreis mit einem H.

Ein Sturmgeschütz III (7,5 cm) (Sd. Kfz. 142/1), Ausführung G der Sturmgeschützbrigade 276. Das Truppenkennzeichen auf der Schürze diente innerhalb des Verbandes zur Kennzeichnung der einzelnen Batterien. Im Bild ein Fahrzeug der 3. Batterie. Aufnahme vom Sommer 1944.

Das Truppenkennzeichen der Sturmgeschützbrigade 276 war der springende schwarze Panther. Aufnahme aus dem Jahr 1944.

Dieser mittlere geländegängige Personenkraftwagen (4x2) (Kfz. 12) mit angehängter 3,7-cm-Panzerjägerkanone gehört zu einer Infanterie-Panzerjägerkompanie der 50. Infanteriedivision. Gut zu erkennen ist das Truppenkennzeichen, ein Halbrundschild mit schräg aufwärts gerichtetem Pfeil und Bogen. Die Aufnahme entstand 1942 im Verlaufe der Kämpfe auf der Krim.

Ein in deutschen Diensten seltenes Fahrzeug, ein „Tracteur de canon 47 mm AC Hotchkiss W 15 T". Leider konnte nicht ermittelt werden, in welcher Panzerjägerabteilung es Verwendung gefunden hat. Das Truppenkennzeichen besteht aus einem weiß eingefaßten Rechteck, einem abwärts gerichteten Schwert und zwei Eichenlaubblättern.

Diese Aufnahme aus dem Jahre 1940 zeigt einen Panzerjäger I mit 4,7-cm-Pak (t). Zu Beginn des Frankreichfeldzuges gab es vier Heerespanzerjägerabteilungen mit je 18 Selbstfahrlafetten dieses Typs. Eine dieser Abteilungen wählte Armor mit Pfeil und Bogen als Truppenkennzeichen. Es ist auf dem Schutzschild des Geschützes gut zu erkennen.

Ende April 1945 kam im Stadtgebiet von Berlin die Panzerjäger-Versuchsabteilung (auch Panzervernichtungsabteilung 1) mit schweren Ladungsträgern (Sd. Kfz. 301) zum Einsatz, die mit einem Sechsfachwerfer 8,8-cm-Raketenpanzerbüchse 54 bewaffnet waren. Das Truppenkennzeichen bestand aus sechs nach außen gerichteten silbernen Pfeilen, belegt mit einem roten Herz (siehe Bugpanzerung des schweren Ladungsträgers).

Die beiden Abbildungen zeigen die Anbringung des Truppenkennzeichens der Panzergruppe 3, die 1941 unter dem Kommando des Generaloberst Hermann Hoth stand. Alle Verbände führten für die Dauer der Unterstellung dieses Kennzeichen, das in Anlehnung an den Vor- und Nachnamen des kommandierenden Generals entstanden ist.

Ein goldgelber Ring mit einem gleichfarbigen, senkrecht angeordneten, vertikalen Strich war das Truppenkennzeichen der 11. Panzerdivision. Beide Bilder sind im Sommer 1941 an der Ostfront entstanden und zeigen einen Panzerkampfwagen III (5 cm) (Sd. Kfz. 141) und einen Panzerbefehlswagen I (Sd. Kfz. 265) mit diesem Kennzeichen auf der Bugpanzerung.

Ein Panzerkampfwagen I (MG) (Sd. Kfz. 101) der A-Ausführung im September 1939 im Vorfeld von Warschau. In der Mitte der Fahrerfront ist das zu dieser Zeit geführte Truppenkennzeichen (silberner dreistrahliger Stern) zu erkennen. Das ursprünglich weiße Balkenkreuz daneben ist eingefärbt.

Ein Panzerkampfwagen III (5 cm) (Sd. Kfz. 141) der 14. Panzerdivision während einer Übung im Winter 1941/42. Das Truppenkennzeichen, ein mit goldgelber Farbe aufgebrachtes germanisches Runenzeichen, ist in der Mitte der Fahrerfront zu sehen.

In dem Fall handelt es sich um kein Truppenkennzeichen, sondern einen Hinweis auf in der Schlacht erzielte Erfolge. Der Besatzung dieses Panzerkampfwagens IV (7,5 cm) (Sd. Kfz. 161) war es im Sommer 1940 während der Kämpfe im Hafengebiet von Calais gelungen, ein Schiff zu versenken. Der Panzer gehört zur 4. Panzerbrigade der 10. Panzerdivision.

An der Seitenpanzerung des Turmes dieses Panzerkampfwagens III (5 cm) (Sd. Kfz. 141) ist das Truppenkennzeichen des Panzerregimentes 7 der 10. Panzerdivision zu sehen. Es ist ein Bison in Angriffshaltung. Die Aufnahme entstand im Herbst 1940 in Frankreich.

Ein weiteres Beispiel für die gleichzeitige Verwendung mehrerer Truppenkennzeichen zeigt diese Abbildung eines Panzerbefehlwagens III (Sd. Kfz. 266, 267 und 268). Neben dem Truppenkennzeichen der 18. Panzerdivision (goldgelbes Gabelkreuz mit drei Querbalken) ist das Kennzeichen der Tauchpanzerabteilung (silbernes Dreieckschild mit angedeutetem Tartschen, silberner Totenkopf mit Gebein und silberne Wellen) zu sehen. Aufnahme von der Ostfront, Sommer 1941.

Beide Abbildungen zeigen das Truppenkennzeichen des Panzerregimentes 3 (2. Panzerdivision) während der Kämpfe im Juli 1943 im Kursker Bogen. Das Kennzeichen erinnert an den Friedensstandort in Wien. Im silbernen Rundschild ist ein schwarzer Doppeladler mit Herzschild eingefaßt. In dem roten Herzschild ist ein silbernes Hochkreuz zu sehen.

Die 20. Panzerdivision führte einen nach rechts gewendeten silbernen Elefanten als Truppenkennzeichen. Diese Heckansicht eines Panzerkampfwagens IV (7,5 cm) (Sd. Kfz. 161/2) zeigt dieses Motiv an der hinteren Schürzenpanzerung des Turmes, allerdings in schwarzer Farbe. Aufnahme aus dem Jahr 1944.

Die im Juli 1944 aufgestellte Panzerbrigade 102 existierte nur kurze Zeit als selbstständiger Verband. Das Truppenkennzeichen symbolisiert drei Stoßkeile, die einen Einschließungsring durchbrechen.

Nicht zugeordnet werden konnte dieses an der Seitenpanzerung des Drehturmes eines Panzerkampfwagens V „Panther" (Sd. Kfz. 171) aufgebrachte Truppenkennzeichen. Aufnahme aus dem Jahr 1944.

Dieser leichte gepanzerte Beobachtungskraftwagen (Sd. Kfz. 253) gehört zur Panzerbeobachtungsbatterie 328, die Ende April 1942 der Beobachtungsbatterie (Panzer) Nr. 80 unterstellt worden war. Er kam im Rahmen des Artillerieregimentes (mot.) 80 der 8. Panzerdivision zum Einsatz. Entsprechende Truppen- und taktische Kennzeichen sind auf der in Fahrtrichtung linken Seite zu sehen. Das Kennzeichen rechts (kreisförmig gekrümmter Pfeil) konnte nicht identifiziert werden.

Die Sturmpanzerabteilung 216 führte im Spätsommer 1944 als Truppenkennzeichen ein Halbrundschild mit den silbernen gotischen Buchstaben „Ho". Sie standen als Kürzel für den Chef der Abteilung, Hauptmann Horstmann.

Das auf dem Kopf stehende goldgelbe Gabelkreuz führte die 1. Panzerdivision (teilweise neben dem weißen Eichenblatt) bis 1943 als Truppenkennzeichen. An Rad- (bzw. Halbkettenfahrzeugen) wurde es vorn links und an der linken Seite der Rückwand angebracht. Diese Aufnahme von einem 2-cm-Flak-Vierling 38 (Sf.) auf mittlerem Zugkraftwagen 8 t (Sd. Kfz. 7/1) ist an der Ostfront entstanden.

Die 16. Infanteriedivision (mot.) führte ein mit weißer oder gelber Farbe aufgebrachtes, dreischenkliges Sonnenrad als Truppenkennzeichen. Hier ist es auf dem vorderen Kotflügel eines leichten Personenkraftwagens (4x2) einer Panzerjägerkompanie zu sehen.

2. TRUPPENKENNZEICHEN DER LUFTWAFFE

Ein Reiseflugzeug Fw 58 C bei einer Flugzeugwerft der Luftwaffe. Das Truppenkennzeichen, bestehend aus einem weißen (bzw. silbernen) Kreis mit farbig gestaltetem Quadrat, ist mit einem Zahnkranz eingefaßt.

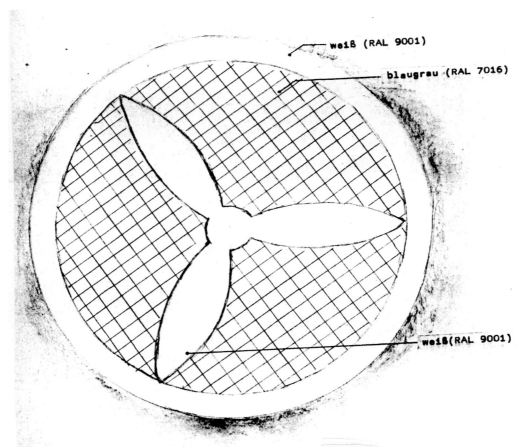

Das Truppenkennzeichen der leichten Feldwerftabteilung (mot.) II/10 im Sommer 1942.

Notgelandetes Reiseflugzeug Fw 58 C. Das Truppenkennzeichen konnte nicht zugeordnet werden.

Im Hintergrund eine Do-217 E der 3. (F) Aufklärungsgruppe 22. Das Truppenkennzeichen ist gut auf dem Kotflügel des im Vordergrund stehenden mittleren Kübelwagens (4x2) Adler Typ 3 Gd erkennbar.

Für den Fallschirmabwurfeinsatz war jede Batterie der schweren Fallschirm- Nebelwerfer- Abteilung 21 mit sechs 30-cm-Nebelwerfern 42 FS, 12 Waffen- und Geräteabwurfbehältern und zwei 7,92-mm-Maschinengewehren 42 ausgerüstet. Vom Truppenkennzeichen, einer auf einer Werfergranate reitenden Brockenhexe, sind verschiedene Ausführungen bekannt geworden.

Überliefert ist u. a. eine Ausführung mit Halbrundschild, bei der die Werfergranate keinen Schweif zeigt. Die Brockenhexe mit blonden Haaren, roten Pantoffeln und rotem Kleid saß beim Stab der Werferabteilung auf einem grünen Geschoß, bei der 1. Batterie war es weiß, bei der 2. rot, bei der 3. gelb und bei der 4. blau.

Einsatzbilder von Fahrzeugen, die vermutlich der leichten Flak-Abteilung 75 zugeordnet werden müssen. Sie sind 1943 an der Ostfront entstanden. Als Truppenkennzeichen gilt ein Dreieckschild mit silbernem Rand, schräg links silber/rot geteilt mit einem silbernen Eichenblatt und zwei hängenden Eicheln. Zusätzlich führen diese Fahrzeuge (Sd. Kfz. 7/2) und (Kfz. 18) einen stilisierten Wolfskopf im Dreieckschild (üblicherweise das Truppenkennzeichen der leichten Flak-Abteilung 81).

Mittlere Zugkraftwagen 8 t (Sd. Kfz. 7) mit angehängter 8,8-cm-Flugzeugabwehrkanone. Die Flak-Regimenter der Luftwaffe verwendeten als Truppenkennzeichen verschiedenfarbig eingefaßte Kreise mit einer Teilung. Verschiedene Farbkombinationen gaben Hinweise auf die jeweilige Abteilung bzw. die einzelnen Batterien.

Auch bei diesem mittleren Zugkraftwagen 8 t (Sd. Kfz. 7) handelt es sich um ein Fahrzeug der Luftwaffe. Als Truppenkennzeichen werden zwei gekreuzte Schwerter geführt.

Dieser Krad-Melder gehört mit seinem Fahrzeug zu einer Flak-Abteilung der Luftwaffe, die das übliche runde Truppenkennzeichen führt, das in diesem Fall durch einen schräg nach oben weisenden Pfeil geteilt ist. Aufnahme von der Ostfront 1941. ▶

◀ *Ein Opel-Blitz 3-Tonner, der dem Truppenkennzeichen nach der II. Abteilung/Fallschirm- Flak-Regiment „Hermann Göring" zugeordnet werden muß. Ort und Zeitpunkt der Aufnahme sind nicht bekannt.*

Dieser Personenkraftwagen Ford-Eifel Cabrio-Limousine diente als Kommandeurswagen in einer Luftwaffeneinheit. Das Truppenkennzeichen, ein weiß eingefasstes, zweifarbiges Dreieckwappen auf dem Kotflügel auf der Beifahrerseite, konnte nicht identifiziert werden. ▶

▲
Diese Luftwaffeneinheit aus dem Luftgaukommando XI (Hannover) führt auf ihren Zugfahrzeugen und Anhängern zwei Truppenkennzeichen. Auf dem Kotflügel auf der Fahrerseite ist in einem weißen Kreis ein Anker, gekreuzt mit einer Axt oder Hellebarde zu sehen. Das andere Zeichen ist verdeckt.

Dieser Lastkraftwagen Krupp LD 2,5 H 242 einer Luftwaffeneinheit hat auf dem Kotflügel auf der Fahrerseite als Truppenkennzeichen einen weißen Kreis mit einem weißen Punkt.

Der Personenkraftwagen Ford hat auf dem Kotflügel, auf der in Fahrtrichtung linken Seite das Truppenkennzeichen des Regiments „Hermann Göring", ein weiß eingefaßtes Rechteck mit Eichenblatt und zwei Eicheln. Als weiteres Truppenkennzeichen wurden zwei weiße Kreise verwendet. Ort und Zeitpunkt der Aufnahme sind nicht bekannt.

3. TRUPPENKENNZEICHEN DER WAFFEN-SS UND SS-POLIZEITRUPPE

Zu den Seltenheiten an der Front dürfte dieses Adler-2,5-Liter-Cabriolet gehört haben. Das Truppenkennzeichen, ein Dietrich, wird mit dem Namen des Kommandeurs der Leibstandarte, SS-Obergruppenführer und General der Waffen-SS Sepp Dietrich in Verbindung gebracht. Auf diesem Fahrzeug ist es mit weißer Schildumrandung zu sehen. Wegen der großen Kofferraumklappe wurde es auf dem hinteren Kotflügel aufgebracht. Aufnahme von der Ostfront 1941.

Im Frühjahr 1943 führte die mittlerweile zur SS-Panzergrenadierdivision ausgebaute Leibstandarte Adolf Hitler das Truppenkennzeichen, den Dietrich, in einem farbig ausgelegten Halbrundschild mit Tartsche und Eichenlaubkranz.

▲
Mittlerer Zugkraftwagen 8 t (Sd. Kfz. 7) mit angehängter 15-cm-schweren Feldhaubitze 18 im Sommer 1941 bei der IV. (schwere) Abteilung des Artillerieregiments der SS-Division „Wiking". Das Truppenkennzeichen, ein Sonnenrad, trat in weißer oder gelber Farbe in Erscheinung.

Fahrzeuge der 6. SS-Gebirgsdivision „Nord" im Herbst 1941 im Nordabschnitt der Ostfront. Das Truppenkennzeichen, die sogenannte Hagal-Rune ist auf dem Kotflügel auf der Beifahrerseite gut zu erkennen.
▼

Die Kampfrune war das Truppenkennzeichen der SS-Division (mot.) „Das Reich". Bei diesem Panzerkampfwagen III (5 cm) (Sd. Kfz. 141) der im Sommer 1942 in Aufstellung befindlichen Panzerabteilung dieses Verbandes ist das Kennzeichen in der Mitte der Fahrerfront zu sehen.

Dasselbe Truppenkennzeichen an der Heckpanzerung eines Panzerkampfwagen III (5 cm) (Sd. Kfz. 141/1) des Panzerregiments 2 „Das Reich" während der Kämpfe um Charkow im März 1943.

Ein leichter geländegängiger Einheits-Personenkraftwagen (4x4) (Kfz. 1) bei der 14. Kompanie der SS-Division (mot.) „Das Reich". Das Truppenkennzeichen des Verbandes ist hier mit gelber Farbe unmittelbar unter dem G (für Panzergruppe Guderian) aufschabloniert worden.

Dieses Truppenkennzeichen führte die SS-Panzergrenadierdivision „Das Reich" im Juli 1943 während der Angriffsoperation „Zitadelle" im Kursker Bogen.

Ein erbeuteter französischer Somua-Panzer bei der SS-Totenkopf-Division, Während des Frankreichfeldzuges 1940. Neben den überdimensional groß aufgebrachten Balkenkreuzen an Turm und Wanne diente das Truppenkennzeichen, ein mit weißer Farbe aufschablonierter Totenkopf mit gekreuztem Gebein, zur Identifizierung.

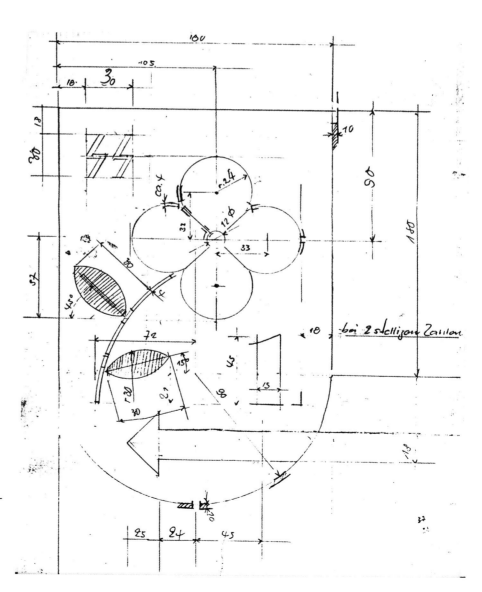

Der Entwurf des Truppenkennzeichens der SS-Artillerieabteilung 502. In der Form wurde es vom Juli bis November 1944 verwendet.

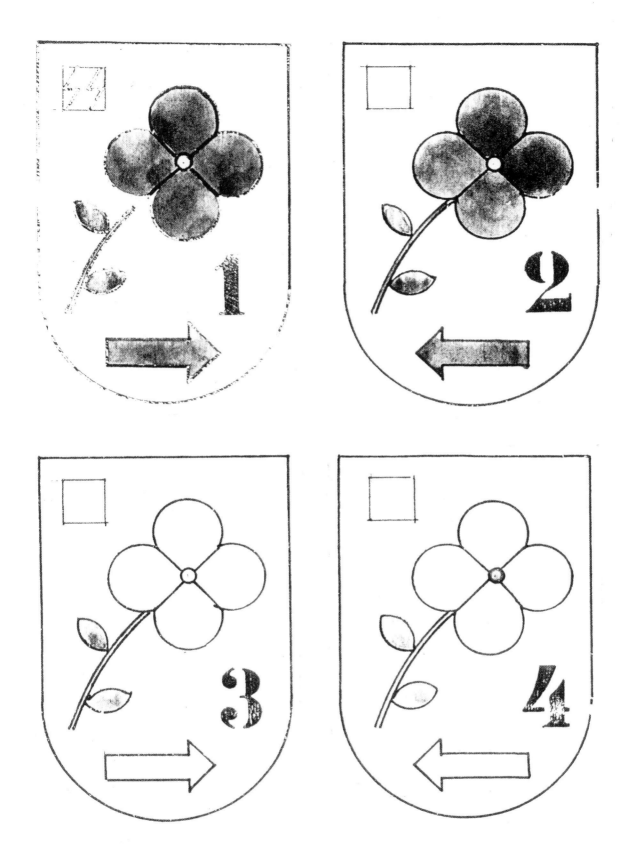

Die schwere SS-Artillerieabteilung 502 führte vom Juli bis zum November 1944 als Truppenkennzeichen ein Halbrundschild mit einem Kleeblatt, einem Pfeil, der Nummer der Batterie und den SS-Runen. Kleeblatt und Pfeil besaßen, entsprechend der Batterie, eine unterschiedliche Farbe. Die 1. Batterie (mit sechs 12,2-cm-schweren Feldhaubitzen 396 (r)-russ. 38-) rot, die 2. Batterie (mit sechs 12,2-cm-schweren Feldhaubitzen 396 (r)-russ. 38) blau, die 3. Batterie (mit sechs 12,2-cm-schweren Feldhaubitzen 396 (r)-russ. 38) gelb und die 4. Batterie (mit drei schweren 21-cm-Mörsern 18) weiß.

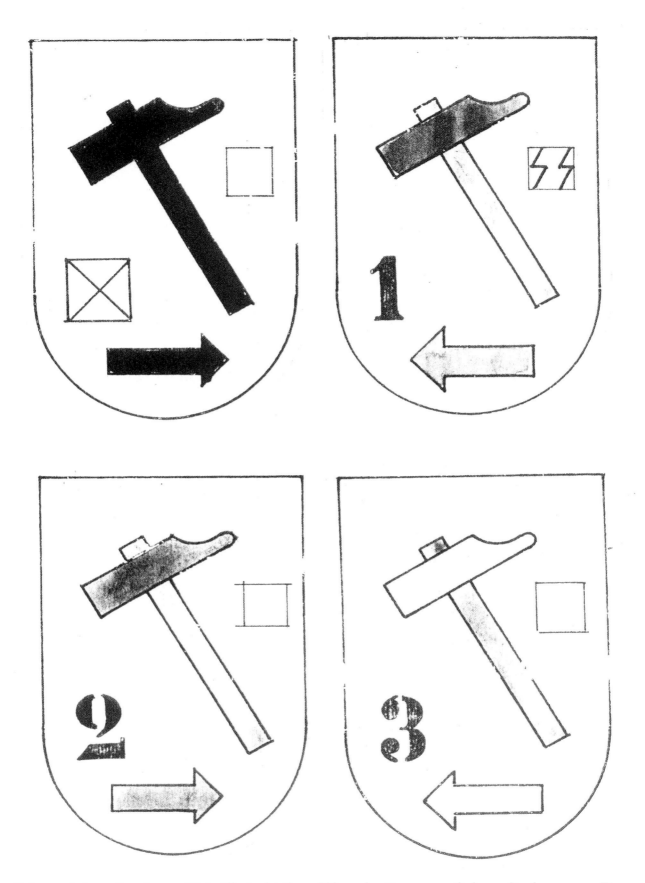

Zum Kriegsende kam die schwere SS-Artillerieabteilung 502 an der Donau, westlich von Stockerau, zum Einsatz. Zu dieser Zeit wurde als Truppenkennzeichen ein Halbrundschild mit einem Hammer, einem Pfeil, der Nummer der Batterie und den SS-Runen verwendet. Stab und die drei Batterien mit 12,2-cm-schweren Feldhaubitzen 396 (r) - russ. 38- sowie die 4. (21-cm-Mörser-) Batterie unterschieden sich wiederum hinsichtlich der Farbgebung.

IV. Quellen- und Literaturangaben

Handsche, Franz-Friedrich	1941 vom Cap Gris Nez bis Leningrad (Batteriechronik), o. O. , 1941;
Ketley, Barry, Rolfe, Mark	Luftwaffen Embleme 1939 bis 1945, Bonn 2001;
Kranke, Paul-Richard	Ein Tagebuch 2. September 1940 bis 1. Juli 1945 (schwere Artillerieabteilung (mot.) 711), Dresden o. J. ;
Schmitz, Peter u. Thies, Klaus-Jürgen	Die Truppenkennzeichen der Verbände und Einheiten der deutschen Wehrmacht und Waffen-SS und ihre Einsätze im Zweiten Weltkrieg 1939 bis 1945, Band I Das Heer, Osnabrück 1987;
ebendie	Die Truppenkennzeichen der Verbände und Einheiten der deutschen Wehrmacht und Waffen-SS und ihre Einsätze im Zweiten Weltkrieg 1939-1945, Band 2 Marine-Luftwaffe-Waffen-SS, Osnabrück 1987;
ebendie	Die Truppenkennzeichen der Verbände und Einheiten der deutschen Wehrmacht und Waffen-SS und ihre Einsätze im Zweiten Weltkrieg 1939-1945, Band 3 (Ergänzungsband), Osnabrück 1991;
ebendie	Die Truppenkennzeichen der Verbände und Einheiten der deutschen Wehrmacht und Waffen-SS und ihre Einsätze im Zweiten Weltkrieg 1939-1945, Band 4 (Neuaufnahmen, Ergänzungen, Berichtigungen), Osnabrück 2000 ;
Voß, Edgar	Fallschirm-Nebelwerfer-Abteilung 21 (Materialsammlung);
o. A. A.	Kamerad weißt du noch! - Kleine Erlebnisse aus vier Kriegsjahren in der Vermessungs- und Kartenabteilung (mot.) 608, o. O. , 1944;
o. A. A.	SS-Artillerieabteilung 502 (unveröffentlichtes Manuskript)

Bildnachweis:

Burger (1), Caye (1), Eiermann (8), Faustka (2), Fleischer (119), Heiss (1), Meier (2), Preiser (1), Schmalbach (1),Schuh (3), Voß (4), Zapf (5);

Weitere Bücher aus dem Verlagsprogramm:

DIE DEUTSCHE PANZERJÄGERTRUPPE 1935-1945
Wolfgang Fleischer

schuf mit dieser Neuerscheinung den ersten Katalog über Waffen, Munition und Fahrzeuge

Im deutschen Heer waren während des Ersten Weltkrieges wichtige Erfahrungen auf dem Gebiet der Panzerabwehr gesammelt worden.

Ihre Auswertung bestimmte die theoretische Diskussion in der Fachliteratur und -presse bis in die zweite Hälfte der 30er Jahre. Parallel dazu wurden die ersten Panzerabwehrgeschütze entwickelt und mit dem Aufbau einer speziellen Panzerabwehrtruppe begonnen, die nach Ausbruch des Zweiten Weltkrieges in Panzerjägertruppe umbenannt worden ist. Ihre weitere Entwicklung, Waffen, Einsatzgrundsätze, Organisation und Struktur prägten den Wettkampf zwischen der zerstörenden Wirkung panzerbrechender Geschosse und der schützenden Wirkung des Panzers. Wichtigstes Kampfmittel der Panzerjägertruppe bis zum Ende des Zweiten Weltkrieges war der Jagdpanzer.

In diesem Bildband werden in Form eines Kataloges die wichtigsten Waffen, ihre Munition und die dazugehörigen Zugmittel sowie gepanzerte Fahrzeuge in Wort und Bild vorgestellt.

Bildband • A4 • 80 Seiten • ca. 120 Abb.
ISBN: 3-7909-0776-6

19,00 Euro

GEPANZERTE FEUERKRAFT
DIE DEUTSCHEN KAMPFWAGEN- PANZERJÄGER - UND STURMKANONEN, STURMHAUBITZEN UND MÖRSER BIS 1945
Wolfgang Fleischer

Die deutschen Panzer - zunächst wurden nur leichte Kampfwagen entwickelt und gebaut - besaßen Waffen, die für den Kampf gegen Panzer nicht oder nur bedingt geeignet waren.

Erst mit den Panzerkampfwagen III (Sd. Kfz. 141) und IV (Sd. Kfz. 161) standen Modelle mit panzerbrechender Kanonenbewaffnung zur Verfügung. Die ersten Gefechte mit den modernen, stark gepanzerten und bewaffneten russischen Panzern im Sommer 1941 brachten der deutschen Panzerwaffe Verluste und Rückschläge. In schneller Folge wurden jetzt immer leistungsfähigere Geschütze für Panzerkampfwagen, Sturmgeschütze und Panzerjäger entwickelt, gefertigt und bei der Truppe eingeführt. Sie sollten die eigenen gepanzerten Verbände befähigen, im Kampf mit gegnerischen Panzerverbänden schnell die Überlegenheit zu erringen.

In diesem Band werden die Entwicklungen der deutschen Panzerkanonen sowie Grundsätze ihrer Verwendung im Kampf gegen gepanzerte Ziele dokumentiert. Alle Kanonen werden, soweit bei der Truppe verwendet, ausführlich beschrieben und im Bild dargestellt. Gleiches gilt für die Munition. Tabellen und Zeichnungen sowie ein ausführliches Verzeichnis der zum Thema bekannt gewordenen Heeresdienstvorschriften, Dienstvorschriften und Merkblätter vervollständigen diese Arbeit.

Format 17x24 cm • 160 Seiten • 300 Abbildungen • Pappband
ISBN 3-7909-0779-0

24,50 Euro

Deutsche Panzer und ihre Gegner bis 1945
Eine Gegenüberstellung
Fred Koch

Kaum ein Thema in der Waffengeschichte ruft so großes Interesse hervor wie der Kampf „Panzer gegen Panzer". Dem Panzer wurde zwar die schlachtentscheidende Rolle zugedacht, oftmals realisierten sich diese Erwartungen jedoch nicht.

Ausführliche Gegenüberstellungen und Leistungsvergleiche ebenso wie differenzierende Konstruktionsmerkmale machen diesen Band zu einem unvergleichlichen Nachschlagewerk über die Panzer der kriegführenden Mächte. Daraus entstand ein spannendes Buch, das eine unentbehrliche Informationsquelle für jeden ist, der reale Fakten und keine „Legenden" braucht.

Obgleich diese Neuerscheinung in erster Linie durch die ca. 320 ausgewählten Fotos geprägt ist, liegt seine Attraktivität zweifellos in den zahlreichen Informationen zu verschiedenen Kampfhandlungen des Zweiten Weltkrieges, ergänzt durch umfangreiche Fakten zur jeweiligen Entwicklungsgeschichte der Panzer.

23,50 Euro

Format 17x24cm • 176 Seiten • 320 Abbildungen
ISBN: 3-7909-0760-X